Maxime Du Camp

L'Hôtel des Monnaies de Paris et la fabrication des espèces monétaires

Essai

 Le code de la propriété intellectuelle du 1er juillet 1992 interdit en effet expressément la photocopie à usage collectif sans autorisation des ayants droit. Or, cette pratique s'est généralisée dans les établissements d'enseignement supérieur, provoquant une baisse brutale des achats de livres et de revues, au point que la possibilité même pour les auteurs de créer des œuvres nouvelles et de les faire éditer correctement est aujourd'hui menacée. En application de la loi du 11 mars 1957, il est interdit de reproduire intégralement ou partiellement le présent ouvrage, sur quelque support que ce soir, sans autorisation de l'Éditeur ou du Centre Français d'Exploitation du Droit de Copie , 20, rue Grands Augustins, 75006 Paris.

ISBN : 978-1545434260

10 9 8 7 6 5 4 3 2 1

Maxime Du Camp

L'Hôtel des Monnaies de Paris et la fabrication des espèces monétaires

Essai

Table de Matières

Introduction	*6*
Section I	*7*
Section II	*17*
Section III	*30*
Section IV	*37*
Notes	*45*

Introduction

Le monnayage est de prérogative souveraine. C'est en vertu de ce vieil axiome du droit coutumier, vrai encore aujourd'hui, que les communes, les villes, les seigneurs, faisaient battre monnaie autrefois, et c'est contre ce privilège dont chacun se montrait particulièrement jaloux que vint se briser l'excellente volonté de Philippe le Long, lorsque vers 1321 il tenta d'établir dans son royaume l'unité des monnaies, des poids et des mesures, idée simple et pratique qui devait attendre la révolution de 1789 pour triompher et s'imposer peu à peu à la nation tout entière. Bien des rois de France, pressés par des besoins urgents, ont altéré les monnaies, fixant d'une façon arbitraire le taux du marc d'or ou d'argent, et réalisant ainsi des bénéfices considérables au détriment de leurs sujets. Les premiers Valois ont mérité dans l'histoire le triste surnom de faux monnayeurs, et les peuples leur ont souvent redemandé en vain « la forte monnoye du bon roy sainct Louys. » Soit qu'ils voulussent gagner sur la monnaie, soit qu'ils voulussent au contraire lui assurer un titre et un poids réguliers, les rois ont toujours eu intérêt à faire surveiller de près la fabrication des espèces métalliques ; aussi tous les gouvernements l'ont-ils soumise à un contrôle absolu. Dans les premiers temps de la monarchie, la *monnoye* se fabrique au palais même, et pendant leurs voyages les rois emmènent les monnayeurs avec eux. Plus tard, les ateliers furent situés au Marais, sur l'emplacement qu'occupe probablement aujourd'hui la rue Sainte-Croix-de-la-Bretonnerie ; Henri II les fit installer au logis des Étuves, sorte de palais, qu'il possédait dans la Cité sur les anciens jardins de Philippe le Bel, à l'endroit où s'étend de nos jours la place Dauphine ; mais cet établissement fut dès 1585 presque exclusivement consacré aux médailles, et la monnaie du roi resta jusqu'au siècle dernier entre la rue de la Monnaie et la rue Thibautodé, non loin des greniers à sel.

Lorsque l'insuffisance de ces vieux bâtiments fut démontrée, on voulut construire un hôtel monumental des monnaies place Louis XV ; les travaux furent entrepris, et déjà 150,000 livres avaient été dépensées. Lorsqu'on changea brusquement de projet, et qu'on se résolut à élever le nouvel édifice au lieu et place de l'hôtel Conti, que la ville de Paris, autorisée par arrêt du conseil en date du 22 août 1750, avait acquis au prix de 160,000 livres pour y faire bâtir un hôtel de ville. L'abbé Terray posa le 30 avril 1771 la première pierre du monument, qui, sous la direction d'Antoine, fut terminé en 1778. Il était alors tel que nous le voyons aujourd'hui, à la fois harmonieux et grandiose, habilement distribué et disposé selon les besoins restreints qu'il était appelé à satisfaire. Malgré toutes les constructions modernes, malgré les nouveaux palais, les nouvelles églises, les nouveaux théâtres, l'hôtel des Monnaies reste encore, grâce à la pureté du profit un des édifices les plus élégants de Paris.

Section I

Comme toutes les choses humaines où l'art n'est pas seul en jeu et dans lesquelles la science et l'industrie ont une part prépondérante, la fabrication des monnaies a éprouvé des modifications considérables. Elle a eu trois époques ; parfaitement distinctes qu'on pourrait nommer l'âge du marteau, l'âge du balancier, l'âge de la presse. Le premier système qui nous a été légué par l'antiquité a été pratiqué seul jusqu'à Henri II et n'a réellement pris fin que pendant les premières années du règne de Louis XIV ; le second a persisté jusque vers 1846 ; le dernier est seul employé depuis cette époque. La fabrication au marteau était lente, défectueuse, et n'assurait à la pièce ni forme ni dimension convenable. Lorsque l'ouvrier, ayant fait les alliages indiqués et liquéfié les métaux, avait obtenu sa fonte. il la *jetait en royaux*, c'est-à-dire qu'il la coulait sur des tablettes de fer creusées de rainures, où le métal refroidi prenait la forme d'une barre qui était ensuite nivelée, amincie et forgée sur l'enclume. Ces barres, après avoir subi l'*escopelage*, devenaient des carreaux à peu près régulièrement divisés. On les faisait recuire pour assouplir le métal, et les *tailleresses* leur donnaient à l'aide de cisailles une forme aussi arrondie que possible. Le carreau était devenu un *flan*. Soumis alors à diverses opérations qui avaient pour but de le niveler ; de le régulariser, de le blanchir. et parvenu ainsi à l'état de perfection très relative dont on se contentait jadis, il était placé entre deux coins de fer portant chacun une entaille. Le monnayeur frappait à l'aide d'un marteau pesant trois livres un ou plusieurs coups jusqu'à ce que la pièce eût reçu l'empreinte ; puis celle-ci était remise au juge-garde des monnaies, qui vérifiait le poids, et la faisait, selon qu'il la trouvait *droite* ou non, entrer en circulation ou jeter à la fonte.

Tout ces système fut renversé par l'invention simultanée du laminoir, du découpoir et du balancier. L'emploi de ces outils devait donner à la fabrication une rapidité que la découverte de l'Amérique et l'importation de métaux précieux qui en résulta semblaient rendre indispensable. En 1550, Aubin Olivier, qui avait créé le balancier, fut nommé par Henri II maître-ouvrier, garde et conducteur des engins de *la monnoye des Etuves*, et l'on peut voir encore, soit au musée monétaire du quai Conti, soit au cabinet des médailles de la Bibliothèque impériale, quels types supérieurs on obtint immédiatement par le nouveau procédé, et, grâce aux admirables poinçons gravés par Marc Béchot. Ce genre de fabrication était appelé la monnaie au moulin, parce que le laminoir, établi sur un bateau, était mis en mouvement par une roue hydraulique. Le coupoir, sorte d'emporte-pièce conduit par une vis, donnait aux flans une régularité parfaite, et les empreintes obtenues par le balancier étaient irréprochables. Ces améliorations, qui, par la sûreté des moyens mis en œuvre, simplifiaient singulièrement le travail des ouvriers, ne faisaient point l'affaire des confréries de monnayeurs. Leur opposition, fut si acharnée que dès 1585 la monnaie au moulin fut interdite ; les Etuves furent exclusivement réservées pour le frappage des médailles. Cet état de choses regrettable fut maintenu pendant longtemps ; sous Louis XIII, les pièces courantes étaient encore battues au marteau. Lentement et comme à regret on revint à la fabrication inaugurée par Henri II ; une déclaration, royale en date du 30 mars 1640 ordonna de frapper la monnaie d'or au moulin ; en 1644, cette mesure fut étendue aux espèces d'argent, et enfin en 1645 la fabrication au marteau fut formellement interdite comme préjudiciable à la pureté des monnaies du roi. Dès lors le balancier devint le seul engin frappeur dont on se servit. Sous le règne de Napoléon, il fut perfectionné par Gingembre, qui obtint même un prix de 25.000 francs en récompense des améliorations notables qu'il avait introduites dans la fabrication. Conservé aujourd'hui encore pour *la frappe* des médailles, le balancier a fait place depuis 1846 aux presses monétaires, employées pour la première fois vers 1829 en Bavière par Ulhorn, à qui en est due l'invention, Apportées en France par Thonnelier, qui leur a donné son nom, un peu comme Americo Vespucci a baptisé le continent découvert par Christophe Colomb. Ces presses, perfectionnées par l'ingénieur Houel, sont rapides et sûres ; nous les verrons fonctionner plus tard.

Pendant l'âge du marteau, après la chute de l'empire romain, on ne fabriqua guère que des pièces couvertes d'ornemens plus ou moins bien agencés, pièces de tout module, de tout titre, presque de toute forme, et qui circulaient sous toute espèce de noms, dérivés le plus souvent de l'empreinte spéciale dont elles étaient frappées, — agnelets lorsqu'elles représentaient un agneau, angelots quand elles portaient la figure d'un ange, écus à cause du blason qui les revêtait, liards, que Guigne-Liard, de Cremieu en Viennois, mit le premier en circulation vers 1430. Les premiers *testons*, c'est-à-dire les premières monnaies à effigie, furent frappés sous Anne de Bretagne, Louis XII et François Ier ; mais l'usage de ces pièces n'entra définitivement dans les mœurs des souverains qu'avec Henri II, qui, par édit royal du 8 août 1548, ordonna que dorénavant la monnaie reproduirait le buste du roi. Ce fut aussi sous son règne qu'on commença de mettre régulièrement le millésime au revers des pièces ; avant lui, il est très rare de le rencontrer, et on ne le trouve guère que sur un écu d'or d'Anne de Bretagne (1493). Ainsi qu'on le voit, c'est Henri II qui a créé la monnaie française : il lui a donné le type, l'effigie, la date ; mais en cela il n'a fait que suivre l'exemple que les princes italiens lui offraient depuis longtemps.

Ces améliorations excellentes rendaient notre monnaie plus belle, mais non plus régulière. Le titre, le poids, le diamètre, variaient perpétuellement. Quand on parlait de refondre les monnaies, tout le monde était pris d'inquiétude ; comme la valeur était plus nominale que réelle, on craignait d'avoir des pertes à supporter. Les parlements s'en mêlaient, et Louis XVI lui-même fut obligé de subir leurs remontrances, dont il ne tint du reste aucun compte. Pour cela, comme pour tant d'autres choses, les hommes de la révolution tombèrent juste du premier coup en adoptant le système décimal, qui déjà depuis quelques années était admis dans les sciences exactes, et dont l'emploi, décrété le 1er août 1793 et réglé par les lois du 18 germinal an III et du 1er vendémiaire an IV, ne fut rendu obligatoire que quarante ans après par la loi du 4 juillet 1837, qui édictait des peines contre quiconque emploierait les termes usités autrefois. Ce n'est donc pas immédiatement qu'on fit subir aux monnaies la réforme nécessaire ; les premières espèces dites constitutionnelles furent des écus, des demi-écus, des pièces de 30 et de 15 sous ; du reste on ne fabriquait guère, les métaux précieux avaient disparu, les hôtels des monnaies étaient clos, le louis d'or de 24 livres valait 18,000 francs en assignats. Les décrets du 28 thermidor an III, du 28 vendémiaire an IV, déterminèrent la fabrication des pièces de 5 francs, la loi du 7 germinal an XI la fabrication des monnaies décimales d'or ou d'argent. Lentement, avec toute sorte de précautions que prescrivaient l'intérêt du commerce et le respect des habitudes prises, on démonétisa les écus de 6 livres, les pièces de 24, de 12, de 30, de 15 sous, qui circulaient encore librement il y a une trentaine d'années, et l'on arriva enfin à fixer d'une façon normale la monnaie ainsi qu'il suit : or, 100 francs, 50 francs, 20 francs, 10 francs, 5 francs ; argent, 5 francs, 2 francs, 1 franc, 50 centimes, 20 centimes ; bronze, 10 centimes, 5 centimes, 2 centimes, 1 centime. Ce système comprend toutes les monnaies décimales que peut fournir l'intervalle de 1 centime à 100 fr. ; les coupures et les multiples du franc, unité de monnaie, sont respectivement au nombre de 6. De plus chaque pièce a l'avantage de porter un nom qui indique la valeur exacte qu'elle représente. On est donc arrivé à une nomenclature précise, simple, commode à retenir, s'imposant d'elle-même, et qui facilite singulièrement les transactions de la vie usuelle.

Il ne suffisait pas de fixer d'après le système décimal le poids et le diamètre des monnaies ; il fallait en déterminer le titre, c'est-à-dire la quantité de métal précieux qu'elles devaient contenir. En 1792, Clavière avait proposé de fabriquer les espèces en métal pur. On ne put s'arrêter à ce projet, qui dénotait plus de probité que de connaissances pratiques. Le métal, or, argent, cuivre, à l'état de pureté, est d'abord assez difficile à obtenir en quantités importantes, et ne se prépare guère que dans les laboratoires ; mais il a en outre l'inconvénient de subir un *frai* considérable, c'est-à-dire de s'user très vite. Pour garder fidèlement l'empreinte, pour ne pas être trop sensiblement altéré par une manipulation perpétuelle, le métal destiné aux monnaies a besoin d'un alliage ; l'or et l'argent sont mêlés à du cuivre rouge, le cuivre est additionné d'étain, de zinc, et devient alors du bronze. Après de nombreuses expériences, on s'est arrêté à 900 millièmes de métal pur et à 100 millièmes d'alliage pour les monnaies d'or et les pièces de 5 francs en argent. Quant aux fractions de ces dernières, 2 francs, 1 franc, etc., elles sont à 835 millièmes. Cette dernière mesure est relativement récente, car le titre était égal dans le principe pour toute la monnaie *plate*. Elle a été commandée par notre intérêt même et pour ne pas voir toutes nos pièces divisionnaires d'argent accaparées par l'étranger, qui les refondait avec bénéfice ; elle pourrait avoir pour résultat prochain la démonétisation forcée de nos grosses pièces d'argent. Il est à désirer cependant qu'on y regarde de près avant de prendre à cet égard une détermination définitive. Nos pièces de 5 francs argent trouvent dans l'extrême Orient, vers la Perse, la Chine et le Japon, une confiance que l'or européen n'a pas encore rencontrée.

La monnaie, étant la base même des transactions, le signe extérieur de la richesse, la représentation unanimement consentie de tout objet vénal, doit être entourée de garanties sérieuses. Aussi la fabrication en a-t-elle toujours été soumise à un contrôle extrêmement sévère. Sous l'ancienne monarchie, ce contrôle était exercé par la cour des monnaies, que Henri II érigea en cour souveraine par édit de janvier 1551. En 1554, le même roi fit pendre, brûler ou envoyer aux galères le président et les conseillers qui en faisaient partie, parce qu'ils avaient été convaincus de faux et de prévarications graves. Supprimée pendant la révolution, comme les autres corps privilégiés, elle fût remplacée par une administration des monnaies dont la constitution, fixée par arrêté du 10 prairial an XI, fut modifiée lorsque l'ordonnance royale du 26 décembre 1827, encore en vigueur aujourd'hui, institua la *commission des monnaies et médailles*. Cette commission est composée d'un président directement nommé par le souverain et généralement choisi parmi les plus illustres savants de la France, et de deux commissaires-généraux, désignés par le ministre des finances ; de cette commission relèvent le laboratoire des essais, le contrôle des monnaies, des médailles, le bureau de change, enfin toute la partie administrative chargée de surveiller l'application des lois, décrets, ordonnances, qui règlent cette matière délicate. La commission ne s'occupe en rien de la fabrication, elle constate qu'elle est régulière ou défectueuse ; mais sous aucun prétexte elle ne peut ni ne doit en diriger le mécanisme. Cette mission appartient tout entière à un directeur qui accepte l'entreprise à ses risques et périls, dont la gestion est garantie par un cautionnement de 300,000 francs, qui est rémunéré selon un tarif approuvé par l'autorité compétente, 1 fr. 50 cent. par kilogramme d'argent converti en monnaie, 6 fr. 70 cent, par kilogramme d'or. C'est à lui qu'incombe la charge d'entretenir, de remplacer les machines et de faire les frais du salaire des ouvriers, qui sont fouillés chaque soir lorsqu'ils sortent de leurs ateliers respectifs. Il y a donc là deux organisations radicalement distinctes, la fabrication et la commission ; la première est absolument soumise à la seconde, qui prononce sans appel comme cour souveraine.

Les hôtels des monnaies ont été nombreux en France, surtout pendant l'empire, lorsque Utrecht et Turin nous appartenaient ; sous le gouvernement de Louis-Philippe, ils furent réduits à quatre (Paris, Rouen, Lille, Strasbourg) ; de 1853 à 1857, sept ateliers ont concouru à la fabrication des pièces de bronze. Il n'en existe plus que trois, celui de Paris, celui de Strasbourg et celui de Bordeaux, qui chôme en ce moment. On peut être fondé à croire que l'intention du gouvernement est d'arriver tôt ou tard à supprimer ces deux derniers et à centraliser la fabrication de toutes les monnaies françaises à l'établissement du quai Conti ; cette mesure, que l'usage, des machines à vapeur et la rapidité qui en résulte suffiraient seuls à justifier, ne peut donner que de bons résultats. Permettant au contrôle de s'exercer sur une seule fabrication, elle assurera aux espèces monétaires une régularité et une homogénéité à l'abri de toute critique. L'outillage de l'hôtel de Paris peut facilement être mis en état de satisfaire à toutes les exigences, même à celles que des temps exceptionnels peuvent faire naître ; Quelques nouveaux aménagements peu dispendieux, et qui s'imposeront d'eux-mêmes lorsque la rue de Rennes viendra déboucher sur le quai Conti, donneront à notre hôtel des monnaies l'ampleur dont il a besoin.

Lorsqu'on regarde avec attention une pièce de monnaie quelconque, on s'aperçoit qu'indépendamment de l'effigie du nom du souverain, de l'écusson, du millésime, de la légende et de la tranche, elle porte certains indices particuliers qui semblent arbitraires, et n'offrent au premier abord aucune signification satisfaisante. Ces marques, qui sont invariablement au nombre de trois, sont des signatures. Tout hôtel des monnaies a une lettre spéciale [1] qu'on appelait jadis le point secret, destiné à indiquer la provenance des espèces. Paris a toujours employé l'A, et un proverbe resté vivant dans le peuple parisien dit d'une bonne chose : Elle ; est marquée à l'A. Le directeur de la fabrication met aussi son poinçon sur la pièce, c'est *la marque* ; celle du directeur actuel figure une abeille. Enfin le troisième signe appartient au graveur-général, et se nomme *le différent*[2]. Celui de M. Albert Barre représente une ancre. La place que ces signatures occupent sur la pièce a été fixée par des arrêtés de la commission des monnaies en date du 23 avril et du 15 mai 1865 et cette place varie selon le métal et la valeur de chaque espèce. C'est une précaution de plus prise contre les faux monnayeurs et une preuve de la responsabilité acceptée par le graveur, le directeur et la commission.

Ce qui constitue le caractère spécial des monnaies, ce n'est ni le titre, ni le métal, car alors un simple flan pourrait entrer en circulation régulière ; c'est l'empreinte. Seule l'empreinte dont elles sont frappées les rend légales, l'empreinte en garantit le titre, le poids, et leur donne cours forcé pour la valeur qu'elles représentent. Aussi le fonctionnaire qui a sur les monnaies une action déterminante est-il le graveur-général, puisque c'est lui qui fournit les coins, sans lesquels nulle monnaie ne pourrait être frappée. Depuis que Henri II a créé la charge de « tailleur-général des monnaies de France » pour Marc Béchot, dix-huit graveurs se sont succédé dans ces importantes fonctions. C'est le graveur-général qui fait les poinçons à l'aide desquels on obtient les coins. Plus le poinçon est parfait, moins la contrefaçon est possible. Cette œuvre exige donc un soin tout particulier, des connaissances techniques approfondies et une main rompue aux ressources d'un art hérissé de difficultés. L'acier dont on se sert pour les poinçons et pour les coins est un acier spécial, à la fois très doux et très dense ; il est fourni par la maison Petin-Gaudet, et paraît être supérieur à celui qu'on employait jadis. Il arrive à l'hôtel du quai Conti en barres parfaitement rondes et qu'on appelle *acier de monnaie*.

Le poinçon est gravé en relief, comme un camée, et au burin ; il en faut naturellement deux, l'un pour la face, l'autre pour le revers ; le premier donne le profil du souverain, le second l'écusson, le millésime et l'énoncé de la valeur de la monnaie ; tous deux

Section I

portent en outre les lettres des légendes, ainsi que les grènetis et les listeaux qui forment l'encadrement de la pièce. Faire une empreinte irréprochable, c'est là un problème qu'il n'est pas aisé de résoudre. Si, pour être reconnue au premier coup d'œil, elle doit être très simple, très lisible, elle doit cependant être assez compliquée pour offrir aux tentatives de contrefaçon des difficultés nombreuses. Cette double et indispensable condition d'une monnaie qui se fait reconnaître et se défend d'elle-même semble être obtenue aujourd'hui. Après la campagne d'Italie de 1859, où l'empereur a commandé en personne, les poinçons ont dû être changés, et on en a fait alors qui donnent l'effigie de la tête laurée ; le graveur-général a profité de cette circonstance pour modifier le revers de notre monnaie : au lieu de la maigre couronne de laurier se refermant sur le nom de la pièce et sur le millésime, il a disposé le sceptre, la main de justice, la couronne, le manteau, les armes de l'empire, de façon à obtenir un ornement très gracieux, mais très difficile à imiter, et qui remplit harmonieusement les vides. Ce très beau revers rappelle celui des admirables pièces de quarante francs que l'Italie frappa de 1810 à 1815 et qui sont restées comme un modèle monétaire. Dans le poinçon, les parties saillantes et intaillées sont mates, le champ au contraire reste lisse. Lorsque la, gravure est terminée, que l'artiste lui a lentement donné le degré de perfection qu'elle peut comporter, le poinçon est mis au feu, chauffé à la température scientifiquement indiquée, puis jeté dans l'eau et trempé. Dès lors il devient de l'acier dur, et peut, violemment frappé contre de l'acier doux, communiquer une empreinte à ce dernier. C'est sur ce principe que repose la fabrication des coins.

L'acier qui doit les former est divisé en cylindres d'une dimension réglementaire ; la surface en est polie de façon qu'on n'y puisse plus reconnaître une aspérité perceptible. Le coin ainsi pré, paré est placé au balancier, dans la boîte duquel le poinçon a été fixé. L'alerte et vigoureuse machine est mise en branle ; les coups sont plus ou moins répétés selon le creux que l'on veut obtenir, et lorsque l'opération est terminée, le poinçon est absolument imprimé dans le coin avec tous les détails, toutes les finesses, toutes les minuties de la gravure. Le coin est alors repris par les ouvriers mécaniciens ; il est mis sur le tour et *décolleté*, c'est-à-dire qu'on en dégage la partie supérieure de manière à lui donner les dimensions exactement exigées pour le monnayage. Il est ensuite porté dans un atelier spécial où il est *paraphé*, car, selon qu'il est face ou pile, il reçoit, à l'aide de petits poinçons manœuvres à la main et enfoncés au marteau, la triple empreinte du point secret, de la marque et du différent. On le soumet alors à la *chauffe* et à la trempe. A son tour, le voilà devenu un corps dur et prêt à donner des empreintes avec autant de facilité que tout à l'heure il en a reçu lui-même. De ce moment et jusqu'au jour où l'usage l'aura mis hors de service, il devient l'objet d'une surveillance attentive. Il reçoit un numéro d'ordre qui constate en quelque sorte son état civil, puis il est remis au commissaire-général des monnaies. Quand ce dernier le confie au contrôleur du monnayage, le récépissé est inscrit et daté sur un registre que signent les deux fonctionnaires ; lorsque le coin, à force de frapper des espèces, est émoussé, que les parties mates sont devenues brillantes par le frottement continuel, que le perlé en est indécis et les chiffres déformés, il est rendu par le contrôleur au commissaire-général, et cette restitution est de nouveau officiellement constatée. Ces précautions peuvent sembler bien minutieuses ; mais, si l'on réfléchit que le coin c'est la monnaie même, on les trouvera toutes naturelles.

Le graveur-général fournit aussi les *viroles* qui sont nécessaires pour imprimer la tranche des pièces. Quoique d'invention fort ancienne, puisqu'on en retrouve des exemples qui datent de Charles IX, la virole n'a été admise définitivement dans la fabrication que depuis le commencement du siècle. Dans le principe, elle était faite comme un anneau portant sur le contour interne une inscription en relief qu'on imprimait en creux dans la tranche des espèces à l'aide d'un outil brutal, nommé *raquette*, assez rapide pour permettre à un ouvrier de frapper environ trente mille pièces par jour. En 1829, un monnayeur nommé Moreau inventa la virole brisée [3]. C'est un cercle divisé en trois segmens égaux dont chacun porte, gravée en creux, une partie de l'inscription totale qui est dès lors reproduite en relief. Le système de la virole brisée a le défaut de ne pas arrêter nettement le contour de la pièce, de lui laisser je ne sais quoi d'indécis ; mais elle a cet avantage inappréciable de dérouter les efforts des faux monnayeurs, à qui elle offre des obstacles dont ils ne parviennent à triompher que très difficilement.

Le graveur-général a sous ses ordres un atelier nombreux, des balanciers spéciaux où il fait ses reproductions et ses essais ; il est responsable des aciers qu'il emploie, des coins qu'il fournit, et il est payé en raison de la quantité des matières soumises au monnayage. Il a une sorte d'importance morale qui n'est point à dédaigner ; c'est lui qui détermine le type populaire du souverain. Les monnaies périssent peu ; moyen d'échange accepté par l'univers entier, elles passent de main en main, de peuple à peuple, et vont par le monde porter le nom d'un pays et le portrait d'un homme ; lorsqu'elles deviennent rares, elles sont précieusement gardées dans des collections ; elles sont les documents multiples et mobiles de l'histoire. Plus elles sont belles, plus elles ont chance de se perpétuer à travers les âges. La numismatique a rectifié plus d'erreurs chronologiques que les meilleurs calculs, et l'artiste, à qui incombe la tâche de graver les monnaies d'une époque échappe à l'oubli, s'il a rempli son devoir avec talent, conscience et sévérité. On reproche parfois aux graveurs de médailles de n'être plus aussi habiles que leurs devanciers ; on ne réfléchit pas qu'en pareille occurrence de modèle est pour beaucoup, et que, s'il est facile, par exemple, de faire une belle effigie avec un visage auquel l'agencement même des lignes constitutives donne un caractère imposant, il n'est point aisé de créer un type avec une figure vulgaire ou sans expression. Les médailles de Louis XIV, de Napoléon Ier, de Louis XVIII, sont fort belles ; que dire de celles de Charles X ? La première condition pour avoir une monnaie d'aspect satisfaisant est que le modèle offre des traits qui conviennent à la gravure sur métaux. Les Grecs, nos maîtres en cet art difficile, le savaient bien, et ils choisissaient arbitrairement les plus admirables profils de femmes pour les reproduire sur leurs monnaies. Il ne semble pas cependant qu'on tire au point de vue historique tout le parti possible de ces objets à la fois usuels et précieux, qui, tout en servant aux échanges indispensables, pourraient rappeler certains faits célèbres, de sorte que la série des pièces de monnaie d'un règne en raconterait les principaux événements. Toujours la même effigie, toujours le même symbole, cela est bien monotone. Pourquoi ne pas prendre une pièce spéciale, la pièce de 100 francs, par exemple, qu'on a une certaine tendance à conserver, et ne pas en modifier chaque année le revers de façon à y inscrire la représentation commémorative d'un fait glorieux ou seulement important ? On aurait ainsi une médaille ayant droit de circuler comme la monnaie ordinaire, mais qui du moins, débarrassée d'un emblème inutile, rappellerait et fixerait pour toujours une date de nos annales. Franklin voulait qu'au lieu du nom du souverain on gravât sur les espèces un précepte moral facile à retenir et d'une application pratique. Il serait, à notre, avis, digne d'une grande nation, d'émettre ainsi son histoire, et de la répandre à travers le monde comme un exemple, ou tout au moins comme un souvenir.

Section II

Lorsque le graveur-général a fait les coins et les viroles indispensables à la fabrication, la manutention des métaux commence, et nous la suivrons dans les détails qu'elle comporte, car il est intéressant de voir comment un lingot devient une pièce de monnaie. Les métaux qui doivent être transformés en monnaie sont fournis indifféremment par les particuliers et par l'état. Ce dernier ne jouit d'aucun privilège, d'aucune immunité, et il subit les conditions imposées à tout individu qui apporte des matières précieuses à l'hôtel du quai Conti. Pour être converties en espèces, ces matières doivent d'abord passer au bureau du change [4], qui est situé au rez-de-chaussée, et dont les fenêtres, garnies de fortes-grilles en fer, s'ouvrent sur le quai Conti. L'ameublement en est très simple : une longue table en bois qui, ressemble à un établi, munie de rails arrondis qui facilitent le déplacement des lingots, un comptoir où sont fixées les balances et quelques larges sébiles en cuivre. Le change ne reçoit jamais que des métaux affinés ; on peut y apporter les plus riches pépites, elles seront refusées ? Il n'accepte que le métal portant la marque d'un essayeur assermenté ou des pièces de monnaie, des morceaux d'argenterie, des bijoux frappés d'un poinçon de garantie qui en détermine le titre exact. Un registre imprimé donne la nomenclature détaillée de toutes les pièces d'or et d'argent en circulation dans l'univers qui ont été essayées au laboratoire de la monnaie de Paris, et énonce en regard la valeur qu'on leur a officiellement reconnue. Le poinçon spécial des matières d'or et d'argent œuvrées détermine en quelque sorte la somme qu'elles représentent. Tout lingot est revêtu de la marque de l'affineur, de celle de l'essayeur, d'un chiffre indiquant le titre, d'un autre chiffre donnant le poids. Cette attestation suffit au change, qui ne fait pas vérifier la qualité constitutive du métal. Le lingot, mis sur les balances, est pesé, puis il reçoit un numéro d'ordre et est frappé du poinçon particulier du bureau : CD. M. P. (commission des monnaies, Paris). En échange, on remet au propriétaire, indépendamment d'un reçu détaillé, un bon payable ordinairement à huit jours de vue et par lequel l'administration s'engage à rendre en espèces l'équivalent du poids qu'elle vient de recevoir ; seulement on retient d'avance les frais de fabrication, qui sont, comme on l'a déjà dit, de 1 franc 50 cent, par kilogramme d'argent et de 6 francs 70 cent, par kilogramme d'or. Si jamais il y a eu au monde des instruments de précision, ce sont les balances de ce bureau. Elles sont d'une sensibilité sans pareille, un cheveu les fait dévier, un souffle les dérange ; à un bruit qui vibre dans l'air, les plateaux oscillent. Chaque jour, un ajusteur-balancier appartenant au service de l'hôtel vient les examiner, constate que le fil à plomb est parfaitement vertical et vérifie l'horizontalité de la table avec des engins si perfectionnés, si impressionnables, que toute chance d'erreur paraît devoir être évitée.

Parfois on apporte là des masses de vieilles monnaies dont la teinte primitive a été altérée par le temps, mais dont l'empreinte régulière est aussi nette que si la pièce venait d'être frappée. Ce sont des *trésors* trouvés ou précieusement gardés, légués de main en main, et qu'on se décide enfin à faire rentrer dans la circulation générale. J'ai vu un monceau de pièces d'or de Charles III d'Espagne et de doubles Louis XVI qu'on venait échanger contre de la monnaie courante. Dans ce cas, comme pour l'argenterie et les bijoux, on reçoit immédiatement la valeur représentative ; le bureau retient seulement l'intérêt d'une semaine, correspondant au délai de huit jours accordé pour convertir les lingots en espèces. Les apports d'argenterie et de matières d'or travaillées sont beaucoup plus rares qu'on ne le croit généralement. En 1867, le bureau du change a reçu 25,518 kilogrammes 761 grammes 93 décigrammes d'or, et 162,700 kilogrammes 381 centigrammes d'argent. Dans le premier chiffre, les bijoux n'entrent pas pour 3 kilogrammes, et dans le second l'argenterie ne compte que pour 623 kilogrammes 604 grammes. Il n'en est pas toujours ainsi, et ce bureau du change, si paisible d'habitude, voit parfois arriver des gens effarés qui tirent de leurs poches des couverts d'argent et des boîtes de montre. Dans les époques de révolution, la peur va beaucoup plus vite que le raisonnement, et chacun paraît craindre de manquer du strict nécessaire. L'argent, qui de sa nature est fort timide, se cache si bien qu'on ne sait où le retrouver, et alors on accourt à la Monnaie. En 1848, 35,233 kilogrammes 877 grammes d'argenterie [5] ont passé par le bureau du change. Les employés contemporains de ces temps de panique et de désarroi parlent encore avec regret des magnifiques pièces de vaisselle plate, des médailles, des bijoux charmants, qu'ils ont été obligés de livrer à la fabrication, qui les a martelés et mis à la fonte.

Le bureau du change reçoit les métaux précieux, mais il ne les encaisse pas ; il les remet immédiatement contre décharge au directeur de la fabrication, qui dès lors, et pour un certain temps échappant à tout contrôle, devient maître absolu de ses opérations, fait faire les essais, et détermine les alliages comme il l'entend, à ses risques et périls. La fonderie d'or et la fonderie d'argent ne sont pas contiguës ; on a eu soin de les séparer, elles ne sont ni dans le même corps de logis, ni au même étage, et l'on évite ainsi toute confusion possible. Les métaux sont expédiés aux ateliers de fonte avec un bulletin indiquant le titre, le poids et la proportion précise de cuivre rouge qu'on doit ajouter à l'or et à l'argent. La quantité de matière est toujours calculée de façon à suffire à un nombre de pièces déterminé par les règlements (ce nombre est de 10,000 pour les pièces de 20 fr.). L'atelier des fontes d'argent est une large salle éclairée par des fenêtres où des grilles et des treillages ne laissent pénétrer qu'une lumière incomplète ; contre les murailles sont appuyés les fourneaux, vastes récipients fermés par une porte de fer, où l'on entasse le charbon et dans lesquels on place les creusets en terre réfractaire. On a soin d'échauffer graduellement ces derniers avant de les mettre au feu : les lingots et l'alliage sont pesés et jetés au creuset. Lentement la consistance du métal s'ébranle, la forme carrée du lingot s'adoucit peu à peu sur les angles, se creuse vers la partie moyenne, semble hésiter, oscille, devient de plus en plus indécise, se désagrège, perd ses contours, et prend l'aspect d'une sorte de gâteau qui bientôt se liquéfie. Sur cette matière molle, on jette des charbons de bois allumés, non pas pour activer la chaleur, comme on pourrait le croire, mais pour brûler sur place les vapeurs

Section II

de cuivre et éviter l'oxydation du métal fin. A l'aide de longs crochets de fer, on remue le foyer, dont la lueur blanche piquée de tons roses très pâles est insupportable aux yeux. Les ouvriers, à demi nus, les mains garanties par des sacs de grosse toile mouillée que par ironie sans doute ils appellent des gants, vont et. viennent, couverts de sueur, devant les fourneaux, les ouvrant, les fermant, brassant le métal avec de grandes cuillères [6], et rejetant la tête en arrière quand la flamme, poussée par un courant d'air imprévu, s'élance jusque sur leur visage. Lorsque la fonte est parvenue à peu près au point de fusion ; « on prend la goutte. » Il ne faut point se méprendre sur ce terme ; prendre la goutte, c'est verser une minime portion de la matière liquide dans un mandrin de fer creusé d'une rainure de façon à obtenir un petit lingot qu'on refroidit immédiatement en le trempant dans un baquet plein d'eau. La goutte est portée au laboratoire des essais de la fabrication. On l'expérimente sans retard, et on reconnaît si l'alliage ne s'éloigne pas des prescriptions imposées. Si le métal n'est pas au titre exigé ou s'il le dépasse, on y ajoute de l'argent ou du cuivre ; s'il est dans les *remèdes*, c'est-à-dire dans les limites acceptées par la commission, on donne ordre de couler en lames.

Le creuset est alors enlevé du milieu des charbons qui l'entourent de toutes parts,, on le place dans un cercle d'où s'élancent deux longues barres de fer ; l'une et l'autre sont saisies par deux ouvriers qui, marchant rapidement pour éviter le refroidissement du métal, versent ce dernier dans une *lingotière* qu'on a préalablement graissée avec soin. C'est du feu liquide qui coule, blanc comme du mercure, avec quelques fugitives nuances irisées, Parfois la fonte rencontrant un peu d'humidité, rejaillit et semble l'éruption d'un volcan de Lilliput. Dans ce cas, les gouttes s'élancent, éblouissantes de blancheur, deviennent roses à mesure qu'elles s'élèvent, rougissent brusquement lorsqu'elles descendent, tombent à terre, s'y roulent en mouvements convulsifs, s'imprègnent du poussier noir qui couvre le sol, et bientôt se confondent avec lui. La lingotière est composée d'une série de moules en fer que le métal remplit, où il se fige, se durcit, et d'où on l'extrait, à l'état de lame. Les lames d'argent sont d'un blanc sale et tacheté de noir ; les lames d'or sont d'une couleur magnifique, très chaude, tirant sur le vermeil, et rappelant les plus belles combinaisons des palettes vénitiennes.

Maxime Du Camp

Les lingotières sont disposées de telle façon que dans la même on peut couler vingt lames d'un seul coup. Les bords des dames sont irréguliers, ils ont bavé à travers les interstices du moule et ressemblent assez bien à un énorme couteau ébréché. On les passe alors sur une cisaille circulaire qui avec certitude et rapidité enlève toutes les parties saillantes ; lorsque la lame est ainsi ébarbée, elle est portée à la salle des laminoirs.

Cette salle est bruyante, pleine, d'engins retentissants que met en mouvement une machine à vapeur de quarante-six chevaux. Une série de laminoirs gradués reçoit successivement, comprime et écrase les lames qu'on y fait glisser. Quand une lame a passé douze fois sous les cylindres des laminoirs, le métal est *écroui*, c'est-à-dire qu'il a acquis un degré de densité tel qu'une nouvelle pression le briserait. Alors, pour rendre l'équilibre naturel aux molécules qui le composent, on le met au four afin qu'il y soit recuit. Les lames, placées sur une sole tournante, sont alternativement et régulièrement léchées par les langues d'un feu de charbon clair et ardent qui leur donne une certaine malléabilité ; dix fois encore après cette opération, on les soumet au laminage, puis on recuit de nouveau. La lame est alors bien près d'être terminée, mais il faut qu'elle subisse une dernière préparation qui la rendra tout à fait propre à être monnayée. Elle est placée sur le *dragon*, qui n'est autre chose qu'un banc à tirer dans lequel le métal, entraîné par une chaîne sans fin à travers une ouverture oblongue ménagée entre deux surfaces d'acier, acquiert une égalité d'épaisseur irréprochable. Si mathématiques que soient les mouvements des laminoirs et du dragon, ils peuvent cependant être restés en-deçà du but qu'on se proposait d'atteindre ou l'avoir dépassé. On saisit la lame, qui maintenant est de venue une *bande*[z] ; à l'aide d'un emporte-pièce, on y enlève trois flans, un au centre, un à chaque extrémité, et on les pèse ; s'ils sont trop lourds, la lame est étirée de nouveau ; s'ils sont trop légers, elle est reportée à la fonte. Si la différence n'est que minime, on la soumet à un découpoir dont la lunette est plus ou moins large, car la tolérance de deux millièmes en-deçà ou au-delà qu'on accorde à la fabrication, et qu'on nommait, il y a peu d'années encore, les remèdes du poids et de la loi, s'applique au poids, au titre et au module.

Le découpoir est mû aussi par la vapeur ; on n'a jamais vu un instrument plus pressé. Il se dépêche, il précipite ses coups, il fait plus de bruit à lui seul que tous les laminoirs réunis, il secoue l'établi sur lequel il manœuvre, il est franchement insupportable ; mais il peut tailler facilement 100,000 flans dans une journée. Un ouvrier dirige la bande, qui, étant amorcée, passe sous l'emporte-pièce ; lorsqu'elle y a été entièrement soumise, elle ressemble à une petite planche à bouteilles où il y aurait plus de trous que de bois, et s'appelle de *la cisaille* ; telle qu'elle est, elle ne peut plus servir à la fabrication de la monnaie, il faut qu'elle soit refondue.

Tous les flans réunis sont triés avec soin, on rejette ceux qui ont été irrégulièrement taillés par le découpoir ; ceux au contraire dont la forme paraît normale sont comptés et remis aux ouvriers peseurs. Ces derniers, assis devant une table à pieds solides, font passer les flans un à un sur de petites balances singulièrement sensibles qu'on appelle des *trébuchets*. Les flans trop lourds sont réduits au poids qui leur est imposé à l'aide d'une forte lime qu'on nomme *écouanne*. Lorsqu'ils ont été pesés, toutes les opérations préliminaires ne sont pas encore terminées, car les scories de la fonte, les huiles des laminoirs et du dragon les ont si bien graissés et noircis, qu'à moins d'avoir un œil très exercé il est impossible de reconnaître s'ils sont en or ou en argent. Il s'agit alors de les *décaper*, c'est-à-dire de les débarrasser de toute matière étrangère et de les blanchir. Après avoir été chauffés au rouge en vase clos, ils sont déposés dans une sorte de boîte ronde, semblable à un brûloir à café, sauf qu'elle est percée de trous nombreux. Ajustée sur les bords d'une auge pleine d'eau chaude mélangée d'acide nitrique ou sulfurique suivant que l'on traite de l'or ou de l'argent, et dans laquelle elle plonge complètement, elle est mue circulairement par une chaîne de tournebroche déroulée à la vapeur. Après un tel bain, les flans brillent comme un pur métal, et on leur donne un faible poli en les agitant de la même façon dans une boîte pareille à la première qui renferme de simples morceaux de bois carrés et qui baigne dans de l'eau. Le blanchiment étant terminé, on sèche les flans sur une grande bassine de cuivre à double fond chauffée à la vapeur. L'ensemble des flans provenant d'une même fonte prend dès lors le nom de *brève*. D'où vient ce mot, qui est technique dans l'art du monnayage et qu'on retrouve de tout temps ? Il vient du latin *brevis* avec l'acception de résumé. C'était dans le principe le bulletin, le *bref-état*, disent les vieux écrivains, sur lequel on détaillait le nombre des pièces destinées à une fabrication. On a pris la partie pour le tout, et l'appellation se maintient encore aujourd'hui. Chaque brève porte un numéro d'ordre qui la suivra jusqu'à l'instant où elle entrera sous forme de monnaie dans la circulation définitive.

La brève de 10,000 flans (fabrication des pièces de 20 francs) est divisée en dix parties égales, placées chacune dans une manne séparée à laquelle on joint un bulletin portant le numéro de la brève, le quantième du mois, le numéro de la manne et le poids reconnu par le directeur de la fabrication. Ainsi préparée, elle est expédiée au contrôleur du monnayage, qui la compte, la pèse et inscrit au bulletin le poids qu'il a trouvé ; un commissaire vérifie et relate le poids à son tour. Ce triple contrôle a pour but d'éviter toute erreur et de déterminer les responsabilités respectives. Les mannes sont livrées aux ouvriers monnayeurs, et alors on ajoute au bulletin le numéro de la presse qui va transformer les flans en pièces de monnaie. Les ouvriers travaillent pour le compte et aux frais du directeur de la fabrication, mais sous la surveillance immédiate des agents de la commission des monnaies.

La salle où sont contenues les presses est monumentale, jadis elle était destinée aux balanciers ; elle se termine par une sorte d'abside en demi-rotonde d'où les contrôleurs et leurs employés, embrassant d'un coup d'œil l'ensemble des travaux, ne laissent échapper aucun détail de la fabrication. Les presses, mues à la vapeur, sont alignées de chaque côté derrière une balustrade qui en défend l'approche ; chacune d'elles est sous la direction d'un ouvrier spécial. Grâce à un mécanisme très simple et très ingénieux, la pièce est instantanément frappée sur les deux faces et sur la tranche. Une bielle et un levier déterminent le mouvement d'une colonne à la base de laquelle le coin de pile est fixé ; à la partie inférieure, précisément au-dessous de la colonne qui se baisse et se relève, une boîte jouant sur une rotule porte le *coin de tête* entouré de la virole brisée, qui, montée sur ressorts, s'écarte et se resserre par un mouvement alternatif. La distance ménagée entre les deux coins est réglée par une vis ; on comprend dès lors que, si un flan est placé de façon à combler cet intervalle, il se trouve entre les deux coins, qui le pressent simultanément avec une force équivalente,

Section II

dit-on, au poids de 20,000 kilogrammes, et qu'il reçoit du même coup la triple empreinte nécessaire à toute monnaie garantie. Tel est ce système, surtout précieux par la rapidité de fabrication qu'il permet d'atteindre.

Un godet dressé sur la tablette reçoit de l'ouvrier conducteur une pile de flans qui, saisis par un organe articulé qui se nomme *main-poseur*, sont poussés dans la cavité circulaire formée par la virole ; dès que le flan est frappé, il est remonté par le mouvement de la boîte et dirigé vers une gouttière qui le fait glisser dans une sébile posée sur le plancher. La machine a en outre l'avantage de débrayer elle-même, c'est-à-dire de s'arrêter toute seule, lorsqu'elle rencontre un flan trop large, ou que le godet est vide. La presse monétaire frappe en moyenne 3,600 pièces par heure, une par seconde. Il tombe là une pluie d'or qui éblouirait bien des Danaés ; c'est un cliquetis métallique qui accompagne de notes aigrelettes le sourd bruissement des roues motrices. A vue d'œil, la manne des flans se vide, la sébile des monnaies se remplit. Tout neuf, reluisant, « larme au soleil ravie, » l'or qui s'entasse dans les larges coupelles de bois a des reflets verdâtres et pâles qui ne sont pas sans beauté ; les ouvriers le regardent d'un œil indifférent, habitués au ruissellement de ces richesses, examinant par-ci par-là une pièce à la loupe pour reconnaître si l'empreinte est bien venue, mais ayant par-dessus tout l'air ennuyé d'hommes réduits à surveiller les mouvements automatiques d'une machine. C'est là pourtant et entre leurs mains que passe et repasse la fortune métallique de la France. Pendant l'année 1867, on a frappé aux presses monétaires de cette grande salle 47,691,103 bonnes pièces d'or et d'argent représentant une valeur de 136,810,434 fr. 20 c. [8]. La fabrication n'est pas arbitraire, le genre de pièces qu'on doit frapper est déterminé par les lois du 6 mai 1852, du 13 juillet 1861, et par l'arrêté ministériel du 10 novembre 1857. Un million d'or doit réglementairement être divisé en 100 pièces de 100 francs, 200 pièces de 50 francs, 37,000 pièces de 20 fr., 19,000 pièces de 10 fr. et 11,000 pièces de 5 francs. L'argent et le bronze sont soumis aussi à des coupures analogues. Ces dernières ne sont point absolument obligatoires, et l'on consulte avant tout les exigences du commerce, qui, dans certains moments, a besoin d'un genre de monnaie plutôt que d'un autre.

Au fur et à mesure qu'une sébile est remplie, on la porte au bureau du contrôleur, où elle est pesée, comptée ; lorsque les dix sébiles représentant la brève complète ont été ainsi vérifiées, on fait sur la masse entière des pièces ce que l'on nomme la prise des échantillons. En présence du directeur de la fabrication ou de son délégué, le commissaire de la monnaie et le contrôleur au monnayage prennent au hasard six pièces dans chacune des dix sébiles ; sur ces soixante pièces, six sont prélevées ; trois, enfermées sous enveloppe scellée du cachet du directeur, du commissaire et du contrôleur, sont adressées au président de la commission ; les trois autres sont remises au directeur des essais qui les *difforme* au laminoir, effaçant les marques et les *différents*, et en confie deux ainsi retournées à l'état de lingot aux essayeurs du laboratoire de la Monnaie, qui sont chargés d'en constater le titre exact et qui poussent l'art de la docimasie jusqu'à ses dernières limites. La brève est alors enfermée dans une caisse à trois clefs où elle doit demeurer jusqu'à ce que la science ait prononcé son verdict. Séparément les deux essayeurs se livrent à leurs expériences qui pour l'or ont lieu par mode de coupellation. Cet admirable et infaillible procédé nous a été légué par les anciens. Une portion de la pièce en litige est enlevée, fondue au chalumeau, réduite en *grenaille* et aplatie d'un coup de marteau. Après qu'on l'a pesée, on la place avec une quantité proportionnée d'argent et de plomb dans une coupelle très poreuse, faite généralement d'os calcinés. Le plomb, en s'oxydant a la propriété d'absorber tous les métaux qui ne sont pas nobles ; il ne respecte que l'or et l'argent. Soumis au feu, le plomb oxydé pénètre le tissu de la coupelle, entraînant le cuivre avec lui. Le globule métallique qui reste n'est donc plus qu'un alliage d'or et d'argent ; on le convertit en une petite lame à l'aide d'un laminoir microscopique ; celle-ci est roulée en cornet, puis elle subit successivement trois bains bouillants d'acide nitrique de force croissante, l'argent est dévoré par l'eau-forte, et il ne reste plus dans le matras qu'un cornet spongieux qui est de l'or pur ; on expose ce dernier au feu pour lui donner une consistance qui permette de le manier sans le détruire, et ensuite on le pèse. L'écart qui sépare le second poids du premier donne naturellement le titre exact. Si les deux essayeurs obtiennent le même résultat, leur expérience est définitive ; si au contraire ils diffèrent d'opinion, le directeur des essais opère à son tour sur la troisième pièce qu'il a gardée en sa possession, et l'expérience à laquelle il procède décide en dernier ressort. Toutes les opérations dont je viens de parler, prises d'échantillons et essais, donnent lieu à des procès-verbaux détaillés, rédigés d'après une formule invariable et signés par les divers agents vers qui on pourrait, au besoin faire remonter la responsabilité d'une erreur. Si les essais ont constaté que les pièces étaient d'un titre inférieur ou supérieur de 2 millièmes au titre légal, la brève tout entière est refondue ; si le titre est bon, elle doit, avant d'être reconnue valable, être encore vérifiée au triple point de vue du poids, de la sonorité et de l'empreinte.

Les dix sébiles contenant la brève sont portées à la salle de la *délivrance*, où l'on recommence, mais avec bien plus de soin, l'opération que les flans ont déjà subie avant d'être décapés. Chaque pièce est pesée sur un trébuchet ; là encore la tolérance est de deux millièmes. On met de côté les pièces trop lourdes ou trop légères ; les vérificateurs, c'est le nom des ouvriers chargés de ce service, ont à leur disposition trois espèces de *dénéraux*, petites pièces de cuivre spécialement consacrées au pesage des monnaies et qui représentent exactement le poids fort, le poids faible, le poids droit : ils peuvent donc facilement arriver à la certitude absolue. Un bon vérificateur pèse aisément mille pièces en quarante minutes. Toutes les pièces reconnues bonnes sont mises à part et confiées à l'ouvrier qui doit les faire résonner. Les pièces sont lancées avec force, une à une, sur un bloc d'acier qu'on nomme *le tas*, et qui est posé au milieu d'une large cuvette en bois ; elles doivent, par le choc, produire un bruit vif, clair, sonore, qui indique la parfaite cohésion des molécules métalliques ; toutes celles dont *la voix* est sourde ou fêlée sont rebutées : elles ont une paille, c'est-à-dire une fissure intérieure qui leur interdit le droit à la circulation. Une à une, elles sont ensuite examinées à la loupe et refusées, si elles ont été mal blanchies au décapage, si elles portent trace de corps étrangers, si la tranche, l'empreinte, la fonte, en sont défectueuses, en un mot si l'on y reconnaît une imperfection quelconque. Lorsque ces multiples opérations étant terminées, la monnaie présente toutes les garanties nécessaires, la commission rend un jugement en vertu duquel la brève est reconnue légale et délivrée ; le procès-verbal de délivrance reproduit le libellé du jugement et indique le poids, la valeur de la brève, le nombre de pièces qui la composent, le nombre de pièces rebutées et les motifs qui en ont déterminé le rejet. En présence du directeur de la fabrication, on cisaille toutes les pièces défectueuses ; puis celles qu'on nomme sonnantes et trébuchantes lui sont remises après qu'il a signé le procès-verbal conjointement avec le contrôleur au change, le contrôleur au monnayage et le commissaire de la monnaie [2].

Il est difficile, on peut s'en convaincre, d'accumuler plus de précautions pour donner à la monnaie française les caractères essentiels qui lui assurent une valeur indiscutable. Aussi nos monnaies sont sérieuses, acceptées dans le monde entier, et elles servent même de modèles aux pièces de plusieurs nations étrangères ; le titre de 835 millièmes pour les divisions d'argent a été adopté par l'Italie, la Suisse et la Belgique. Sous ce rapport, nous n'avons donc aucun reproche à nous faire : grâce au contrôle énergique de la commission, nous offrons en cette très délicate matière toute la sécurité imaginable ; cependant, si nos monnaies gardent une identité parfaite entre elles et avec le type original sous le triple rapport de la forme, du titre et du poids, elles n'atteignent pas encore le plus haut idéal monétaire, qui consiste dans un type d'une beauté achevée. Tout le côté scientifique est irréprochable, mais il est difficile d'en dire autant de la fabrication, qui bien souvent laisse à désirer. Les nécessités imposées par les exigences du commerce semblent être les seules dont on veuille tenir compte. Ce qu'on demande aux monnaies maintenant, c'est de pouvoir être empilées facilement. La conséquence d'un tel système saute aux yeux. On ne fait plus que des monnaies trop plates, très aptes à être placées l'une sur l'autre, comme les dames d'un trictrac, et qui n'ont plus ce qui constitue la beauté même d'une pièce, le relief de l'effigie. Certes ce ne sont pas les graveurs de talent qui font défaut ; mais celui qui est chargé des poinçons de la monnaie doit obéir lui-même à cette loi pénible qui à l'utilité pratique sacrifie toute autre considération. Ne pourrait-on pas cependant donner à nos pièces courantes l'ampleur de forme qui convient à la monnaie d'un grand peuple ? On ne doit sans doute pas exiger qu'une pièce d'or ou d'argent soit une médaille ; mais la difficulté peut être tournée. Qui empêcherait de creuser légèrement en cuvette le champ des pièces et d'en relever le listel ? De cette façon, le relief pourrait être très accentué et n'apporterait aucun obstacle à l'empilage. Peut-être, si

Section II

l'on adoptait cette disposition nouvelle, faudrait-il augmenter la force des presses monétaires ; mais un tel détail est insignifiant, et ne devrait point empêcher l'administration de réaliser une amélioration désirable.

Il faut reconnaître que les presses, admirables instruments de précision, ne peuvent donner au flan qu'on leur présente la beauté d'exécution qu'on remarque sur les coins. Les procédés mécaniques infligent une uniformité monotone aux plans de l'effigie, n'en accusent point suffisamment les parties saillantes et n'arrêtent pas les contours par ces lignes à la fois grasses et fermes que nous admirons encore sur les monnaies antiques ou même sur certains pieds-forts de Henri II et de Louis XIII. Ces défauts doivent-ils être attribués à la presse ? On peut le croire, car, lorsqu'on voit côte à côte deux pièces sorties du même coin, l'une frappée au balancier, l'autre frappée à la presse, on reste saisi de surprise. Autant la première est précise et nette jusque dans les linéaments les plus fins, autant elle accuse l'arcade sourcilière, qui donne une si puissante valeur aux profils des médailles, autant elle est harmonieuse dans l'ensemble et délicate dans le détail, autant la seconde paraît plate et effacée, comme si le métal n'avait pas pénétré dans toutes les intailles du coin. On pourrait dire de l'une qu'elle est une statue originale, et de l'autre qu'elle en est le surmoulage. Une modification habile dans nos presses amènerait certainement à cet égard des résultats excellents, et nos monnaies pourraient être alors irréprochables au point de vue de la beauté, comme déjà elles le sont au point de vue du titre et du poids. La forme a une importance de premier ordre ; c'est par elle que les objets vivent, persistent et se perpétuent.

Le découpage des flans, tel qu'il est exécuté aujourd'hui, par des moyens d'une rapidité vertigineuse, a d'incontestables avantages ; mais il offre un inconvénient réel auquel il serait bien facile de remédier. La lunette de l'emporte-pièce coupe les flans en biseau, de sorte que la tranche, n'étant plus à angle droit avec le champ, prend irrégulièrement sous la presse l'empreinte de la légende. Tous les flans, avant d'être soumis à l'empreinte, devraient être *cordonnés*, c'est-à-dire qu'on devrait, les exposer à l'action d'une machine qui, relevant les bords de la tranche, leur donnant un contour parfaitement droit, faciliterait ainsi l'imposition exacte des différentes lettres de la légende. Les flans des monnaies de bronze sont cordonnés ; pourquoi ceux qui sont en métal plus précieux ne le seraient-ils pas aussi ? C'est là une économie mal entendue, et dont se ressent la beauté de nos monnaies. On pèse les flans, mais on devrait aussi en essayer la sonorité sur le *tas* d'acier, afin de n'envoyer aux presses qu'un métal régulier, n'offrant aucune paille intérieure ; ce serait tout bénéfice pour le directeur de la fabrication, qui, réformant lui-même les flans défectueux, n'aurait point à supporter les frais d'un frappage inutile. Ces améliorations viendront à leur jour, il n'en faut pas douter, et nos monnaies ne pourront qu'y gagner ; on comprend que le directeur ait peu de loisirs pour les étudier : la nécessité de fournir au public les pièces indispensables : aux transactions multiples du commerce, est compliquée pour lui, d'une responsabilité incessante qui ne laisse pas d'être redoutable. En effet, les métaux, répartis dans ses divers ateliers sous forme de lingots, de lames de cisailles, de flans, de grenailles, de poussières, s'élèvent parfois à une somme de 12 ou 15 millions dont il doit tenir un compte rigoureux. Il y a là une cause de préoccupation qui explique bien des tâtonnements et les justifie peut-être.

Aussi on serait injuste de se montrer trop sévère, d'autant plus que les presses de la Monnaie ont depuis quelques années accompli de véritables tours de force, et qu'on ne peut du moins leur reprocher d'avoir manqué d'activité ! Elles ont frappé sans repos ni trêve, car l'exploitation des mines de Californie et d'Australie a jeté sur le monde une quantité prodigieuse de métaux précieux. Un simple rapprochement fera comprendre dans quelle énorme proportion la richesse métallique de notre pays s'est augmentée. De 1726 au 1er prairial an V (20 mai 1797), on a émis en France pour 2,969,803,502 francs de monnaies d'or et d'argent ; sous le second empire, depuis le 1er janvier 1853 jusqu'au 31 décembre 1867, on a frappé en or et en argent une valeur de 5,821,108,324 fr. 50 c ; dans ces quantités, se rapportant à une courte période de quinze ans, l'argent n'entre que pour la somme relativement minime de 311,423,149 fr. 50 cent. ; le reste, plus de 5 milliards 1/2, appartient à l'or [10]. Ce seul fait explique et au-delà le renchérissement successif de toutes les denrées, de tous les objets de consommation, en un mot de ce qu'on nomme la vie matérielle. Le métal monétaire perdant progressivement de sa valeur par suite de l'abondance avec laquelle on le produit, doit-on s'étonner d'assister à une augmentation de prix en rapport avec la moins-value forcée des monnaies ? C'est là un phénomène naturel, mais qui n'en est pas moins singulièrement pénible et douloureux pour les personnes qui, n'exerçant point une fonction propre à les enrichir, voient chaque jour diminuer l'importance de leurs revenus, quoique le chiffre nominal en reste le même.

Section III

L'ancienne monnaie des médailles était aux Etuves. Vers le commencement du XVIIe siècle, elle fut transportée au rez-de-chaussée de la grande galerie du Louvre construite par Henri IV. Sous la révolution, on la ferma ; elle fut réorganisée en 1804 par Napoléon, qui en fit une annexe de l'hôtel du quai Conti. Jusqu'en 1830, le *balancier des médailles* releva directement de la liste civile ; mais depuis cette époque il est exploité par le directeur de la fabrication des monnaies. Les médailles, œuvres d'art commémoratives d'un événement important ou d'un grand homme, n'ont aucun caractère légal, et ne servent point aux échanges. Elles n'ont pas besoin par conséquent d'être frappées avec rapidité ; aussi elles ont échappé à la presse, et sont restées soumises au balancier, instrument d'une certaine lenteur, d'un maniement pénible, mais à l'aide duquel on peut obtenir des résultats excellents. Les ateliers des médailles, soumis aussi au contrôle de la commission, sont séparés des ateliers où l'on frappe les monnaies. Ce sont de grandes salles situées au rez-de-chaussée, et dans lesquelles les balanciers, solidement établis sur d'épais massifs en maçonnerie, étendent les longues barres de fer armées de boules de cuivre à l'aide desquelles on les fait mouvoir. Napoléon, qui avec sagacité portait un très sérieux intérêt à la beauté des monnaies et des médailles frappées sous son règne, ne manqua point de donner quelques canons ennemis pour faire des balanciers. Ces derniers sont ornés d'une inscription : « bronze des canons pris sur les Russes à Austerlitz. » Du reste on doit croire que, malgré le travail qu'on leur impose, les balanciers ont la vie dure, car il en existe encore qui fonctionnent tous les jours et qui datent du règne de Louis XIV. Le balancier agit sur le métal comme le marteau sur l'enclume ; seulement l'enclume est une rotule supportant un coin recouvert d'un flan ; sur ce dernier, on place le second coin ; le marteau est représenté par une vis-maîtresse qui obéit aux mouvements que lui impriment les barres dont l'instrument tout entier a pris le nom. Chaque boule est garnie de cinq ou six cordons qu'autant d'hommes saisissent ; d'un seul mouvement brusque et simultané, ils entraînent le levier en avant, la vis fait un tour, et son nez vient frapper avec une force irrésistible contre le coin supérieur. Le flan reçoit donc du même coup une double empreinte, celle de la face et celle du revers. La violence du choc est telle que la vis revient sur elle-même et repousse le levier en sens inverse ; il faut alors faire attention, car il suffit d'un choc de boule pour tuer un homme. Les accidents sont rares, et instinctivement les *barriers* se rejettent en arrière dès qu'ils ont donné l'impulsion.

Relativement aux autres salles de la Monnaie, celle-ci est silencieuse ; on n'y entend que l'ordre bref donné par le contre-maître et le coup sourd du balancier, qui semble trembler dans sa lourde armure de bronze. Comme en France la loi est par-dessus tout restrictive, nul ne peut faire frapper de médailles sans y être préalablement autorisé par le ministre d'état. C'est donc là, sous des balanciers toujours en mouvement, qu'on frappe les jetons de présence, les méreaux des diverses compagnies (académies, chambres des notaires, etc.), les pièces de mariage, dont tous les modèles sont fort laids, les innombrables médailles de sainteté qui, ornées d'exergues emphatiques, représentent toute sorte de personnages canonisés, guérissent les maladies, écartent le tonnerre, préviennent la mort et attirent les bénédictions du ciel. C'est par milliers qu'on en fabrique ; la vertu inhérente à ces amulettes n'a rien à faire sans doute avec le métal dont elles sont composées : si l'or ou l'argent en forme la matière, elles sont aussi minces que possible, réduites aux dimensions d'une simple pellicule ; le plus souvent elles sont en zinc, en plomb ou en cuivre. Elles affectent toutes les formes, rondes, carrées, ovales, en losange, et ressemblent, dans les mannes qui les contiennent, à des écailles irrégulières de poisson. C'est, dit-on, un excellent commerce ; on peut le croire sans peine à voir les masses considérables que la Monnaie en fournit (5,712,629 en 1867).

Pour ces petits objets, un seul coup de balancier suffit ; mais il n'en est plus ainsi dès qu'il s'agit d'une médaille dont l'ampleur atteint seulement le module d'une pièce de cinq francs. Là parfois il faut plusieurs passes ; *une passe se compose de trois coups de balancier et d'un* recuit, *car, pour les* médailles comme pour les lames, le métal, écroui par les chocs successifs qu'il a reçus, a besoin d'être exposé au feu pour redevenir malléable. La médaille dont l'empreinte n'est encore qu'ébauchée est noire lorsqu'elle sort du four ; elle est fourbie avec soin, et n'est remise au balancier qu'après être redevenue brillante. On la *réengrène* alors, c'est-à-dire qu'on la fait rentrer dans les coins de façon que les parties saillantes en remplissent exactement les parties creuses. Le nombre de passes nécessaires pour la rendre parfaite est considérable. La médaille commémorative de la loi du 11 Juin 1842 sur les chemins de fer a supporté 120 passes, qui représentent 118 recuits et 360 coups de balancier. Elle est célèbre du reste tant par sa beauté que par ses dimensions. C'est la plus grande qui soit jamais sortie des ateliers de la Monnaie. Je me souviens d'en avoir vu un exemplaire en or au moment où on la frappait, en 1844 ; c'était une masse pesant 1 kilogramme, reluisante, à reflets magnifiques, digne de figurer dans n'importe quel musée. Deux spécimens en avaient été frappés, l'un pour le roi, l'autre pour le ministre des travaux publics ; que sont-ils devenus ?

Malgré les perfectionnements apportés au mode de fabrication, malgré les progrès de la chimie, qui peut déterminer les alliages avec une certitude mathématique, les belles médailles sont rares aujourd'hui. Lorsqu'on va au cabinet de la Bibliothèque impériale et qu'on voit les monnaies siciliennes et de la Grèce, le grand *stater* d'Eucratides, l'auguste d'or, les philippes et les alexandres de Macédoine, les médailles italiennes du XVIe siècle, et même quelques médailles françaises des règnes de Louis XIII et de Louis XV, on se demande avec étonnement pourquoi cet art si précieux, si exquis, semble ne pouvoir se relever de la décadence qui l'a frappé sur la fin du siècle dernier. L'école de David et ses étroites maximes pèsent encore sur lui. A force de vouloir faire du style, nos graveurs, à qui nul ne pourrait dénier le talent d'exécution, restent dans une rigidité de lignes, une froideur d'attitudes, qui ne sont pas de la grandeur, et qui ôtent tout ce qui constitue l'expression, c'est-à-dire la vie. Leurs effigies ne sont que des têtes, il n'y a pas d'âme ; ce sont moins des visages que des masques. On dirait que ces artistes, immobilisés dans des règles trop étroites, se défient d'eux-mêmes et reculent avec effroi devant toute tentative d'originalité. Les traditions qu'ils respectent ont eu leur raison d'être à une époque où il a fallu réagir brutalement contre les afféteries des maîtres du XVIIIe siècle ; mais ces traditions n'ont plus rien à nous apprendre aujourd'hui, et c'est faire acte de faiblesse que de s'y soumettre encore. Si, dédaignant tous ces préceptes surannés, les graveurs ne s'inspiraient que de la nature, s'ils pouvaient oublier des modèles qu'ils ont admirés et se préoccuper exclusivement de la vitalité expressive du modèle qu'ils ont à rendre, il n'est pas douteux qu'avec la merveilleuse dextérité de main qui les distingue ils n'arrivent à égaler, sinon à surpasser leurs devanciers. Bien des graveurs, emportés par des considérations, qui devraient toujours leur rester étrangères, semblent ne plus savoir qu'une médaille n'est pas un tableau. J'en ai vu une qui représentait sur la face et sur le revers des scènes d'hôpital : malade couché dans son lit, médecin, sœur de charité, visiteur attendri. C'est puéril. La gravure sur médaille est avant tout un art symbolique qui doit résumer un fait par une allégorie quelconque ; très simple et très facile à comprendre ; mais sous aucun prétexte elle ne doit reproduire le fait intrinsèque, le fait nu, anecdotique, familier. Cela est bon pour les lithographies.

C'est là le côté moral de la médaille pour ainsi dire, et les maîtres en cet art feront bien d'y songer ; mais il est un autre aspect de la question, aspect tout matériel, et dont il n'est pas inutile de dire un mot. La disposition des médailles frappées de nos jours est, quant à la face, généralement peu habile. On en restreint le champ par un listel bien superflu, qui arrête et fixe l'œil dans les contours secs d'une circonférence au milieu de laquelle l'effigie semble prendre des proportions trop considérables. Ce bord soulevé et composé d'un trait aigre durcit l'ensemble et lui enlève cette sorte d'infini très doux, très fuyant, qu'on admire sur les médailles, antiques. Depuis le nom qu'on a la mauvaise habitude d'inscrire autour de la tête est gravé en lettres romaines, dont la rigidité, la froideur, la rectitude forcée, sont en contradiction directe avec les lignes arrondies, brisées et multiples du visage. Il y a là, comme on dirait en musique, une dissonance. Si le champ est en cuvette au lieu d'être plan, cela ne vaudra que mieux, car alors il n'offrira plus un ton égal et monotone ; il aura des reflets qui, variant la nuance générale, donneront à cette dernière une chaleur et une mobilité qu'un champ plat ne produit jamais. Je prendrai pour exemple non pas les médailles antiques, auxquelles le fruste donne une apparence d'une exquise douceur, mais cette même médaille des chemins de fer dont je viens de parler. C'est une tentative très hardie de M. Bovy, et malheureusement elle n'a point été imitée. Il n'y a pas de listel ; le champ en cuvette profonde contient une effigie que le relief et le travail du burin ont rendue fort belle. La lumière y joue facilement, nul contour trop précis ne repousse le regard, et si, on pouvait enlever les lettres qui enserrent la tête dans des jambages grêles et froids, ce serait une œuvre d'art irréprochable. Le revers représente une sorte d'autel du haut duquel l'Industrie lance Mercure et Mars vers de larges terrains sillonnés par des trains en mouvement ; la légende elle-même est excellente : *Dant ignotas Marti novasque Mercurio alas*. Voilà, selon nous, le type de la médaille commémorative ; elle est une des gloires modernes de l'hôtel des monnaies.

La patine demanderait aussi une étude particulière, car c'est elle qui, donnant la coloration générale, détermine l'impression première produite par l'aspect d'une médaille. Depuis la patine noire d'Herculanum jusqu'à la patine vernie des Japonais, en passant par la chaude patine des Florentins, il y a cent patines préférables à la couleur chocolat insupportable et banale qu'on a depuis longtemps adoptée. Tout graveur en médailles devrait connaître à fond le secret de la coloration des métaux, avoir sa nuance spéciale comme il a *différent* particulier et imiter M. Barye, qui, ne dédaignant rien de ce qui peut ajouter au mérite de ses œuvres, a trouvé une admirable patine presque semblable aux tons de la malachite, et qui revêt ses bronzes d'un épiderme plein de puissance et de vie. Cela est important, bien plus important qu'on ne se l'imagine, et la chimie, à laquelle nul tour de force n'est impossible, pourrait, si elle daignait s'occuper de cette question, la résoudre facilement pour le plus grand bien des artistes. Si les médailles modernes n'obtiennent pas tout le crédit qu'elles devraient avoir, c'est qu'elles pèchent sous le triple rapport de l'expression, de la disposition et de la coloration. Il serait aisé de faire disparaître ces défauts. La commission n'a, pour ainsi dire, qu'un droit de contrôle matériel sur les médailles que les administrations, les sociétés, les particuliers, font frapper ; elle n'a rien à voir à la façon dont un sujet est traité, aux coins du graveur, au style de l'œuvre. Ainsi que me le disait en souriant un haut personnage de l'hôtel des monnaies, « la commission fait comme ses balanciers, elle gémit, mais elle frappe les pauvretés qu'on lui apporte, car elle y est obligée. » Il y a lieu de croire toutefois que, relativement aux médailles commandées par l'état, la réforme est en voie d'exécution et qu'elle sera activement poursuivie, car il est temps d'en finir avec des errements qui n'ont que trop duré.

L'hôtel des monnaies possède un musée où la vérité des observations qui précèdent peut être constatée par une simple comparaison entre les médailles anciennes et les médailles modernes. Ce musée était fort riche en monnaies de toute espèce, de toute époque et de tout pays. Malheureusement, en vertu d'un décret de 1862, il a été dépouillé par la Bibliothèque impériale, qui est venue chercher là les pièces qui manquaient à ses collections. Pour les médailles, passe encore ; mais pour les monnaies la mesure paraît bien excessive, car, si un établissement public a le droit de posséder un musée monétaire complet, c'est incontestablement l'hôtel du quai Conti. Quoi qu'il en soit, les vitrines sont curieuses à étudier, car, malgré ces lacunes trop apparentes, elles renferment des échantillons d'une valeur exceptionnelle. En dehors des monnaies étrangères, nos seules espèces françaises offrent un intérêt réel. Parmi elles, on trouve le spécimen de la pièce d'argent frappée en 1595 à l'effigie de cet éphémère Charles X, qui n'était autre que le cardinal de Bourbon, — des pieds-forts très remarquables portant tous des légendes différentes, — des pièces de plaisir, large monnaie arbitraire faite exprès pour les rois, qui s'en servaient en guise de cadeaux, — le magnifique écu de 6 livres frappé en 1786 par Pierre Droz, qui réinventait la virole brisée. Cet écu, qu'on appelait l'écu de Calonne, est un essai qui, s'il avait été poursuivi, aurait mis dans la circulation la plus belle monnaie d'argent que la France eût jamais possédée : l'effigie, dont les longs cheveux sont surtout traités avec un art infini, est d'une délicatesse remarquable, et le revers, offrant l'image de trois L fleuries et réunies, est un chef-d'œuvre de goût et d'arrangement. Ce même Pierre Droz avait été chargé plus tard de fabriquer la monnaie de Berthier, et il existe au musée des pièces de 5 et de 2 francs qui, autour d'une tête assez médiocre, portent pour légende : Alexandre, prince de Neufchâtel. Il est à regretter que la nécessité de classer les monnaies selon un ordre chronologique empêche de mettre cette dernière à côté du Charles X de 1595. Parmi les pièces de cuivre, on remarque quelques exemplaires bien conservés des monnaies obsidionales, ou monnaies fictives représentant une valeur de convention et ayant cours légal dans une ville investie, monnaies d'apparence triste et presque lugubre, frappées à Mayence en 1793, à Anvers en 1814, à Strasbourg en 1814 et en 1815. En regardant la collection des médailles avec soin, on pourra reconnaître combien le temps marche vite, combien la célébrité est transitoire. Il y a là des quantités de médailles frappées à grands frais pour perpétuer le souvenir d'un événement ou d'un homme dont la date et le nom ne sont déjà plus dans aucune mémoire. Sous ce rapport, les vitrines contiennent plus d'une leçon amère, et plus d'un politique vaniteux ferait bien d'aller y apprendre la modestie.

La partie la plus importante du musée est celle qui renferme les poinçons et les coins de toutes les monnaies, de toutes les médailles qui ont été frappées à l'hôtel. Ils sont encore aujourd'hui, depuis le plus ancien jusqu'au plus récent, à la disposition du public, qui peut toujours demander à la commission impériale l'autorisation de faire exécuter n'importe quel spécimen. C'est un grand avantage offert aux amateurs de la numismatique, mais ils n'en abusent pas, et laissent volontiers les coins dormir dans les armoires vitrées qui les défendent contre la poussière. Il est juste de dire que la commission, qui est dépositaire des coins, les ménage avec un soin trop jaloux, et que, lorsqu'on lui demande une médaille en bronze, elle la laisse invariablement frapper en *rosette*, c'est-à-dire en cuivre rouge. Le bronze cependant est le métal par excellence pour les médailles ; mieux que l'or et l'argent, il en accuse toutes les finesses, en fait ressortir les beautés, mais il est très dur, très résistant, exige des passes nombreuses, et fatigue les coins d'une façon notable. Le cuivre au contraire est d'une ductilité parfaite, il cède rapidement au choc du balancier, et, s'il produit des médailles d'une valeur contestable, on est certain du moins qu'il n'use pas les matrices dont on se sert pour donner l'empreinte. Périssent les coins plutôt qu'un principe ! Une médaille en cuivre est une médaille déshonorée, molle, flasque, d'un relief naturellement fruste, et que le moindre frottement contre un corps dur écorche et met en péril. Il faut employer le bronze, dussent les coins être brisés. Dans ce cas-là, le malheur serait loin d'être irréparable, puisque l'on possède les poinçons, avec lesquels on peut toujours faire des matrices nouvelles.

Telles sont les diverses installations de l'hôtel du quai Conti en ce qui concerne les monnaies et les médailles, c'est-à-dire les deux objets pour lesquels il a été établi ; mais cette étude serait incomplète, si l'on ne disait un mot de deux opérations très importantes, exigeant toutes deux des connaissances et une surveillance spéciales qui rentrent sous certains rapports dans les attributions de la commission, et dont les ateliers appartiennent à l'hôtel des monnaies : je veux parler de la fabrication des timbres-poste et de la garantie des matières œuvées d'or et d'argent.

Section IV

Il peut sembler singulier au premier abord que le timbre-poste soit assimilé à la monnaie, et que la fabrication en soit entourée de précautions minutieuses ; mais, si l'on y réfléchit, on ne tardera point à reconnaître qu'il ne peut en être autrement. Le timbre-poste en effet est une valeur fiduciaire, un billet de banque infiniment petit, et comme tel il ne devait pas échapper au contrôle de l'état [11]. Il pourrait même ressortir des attributions de la Banque de France, puisqu'il est obtenu par voie d'impression ; mais, comme il représente l'effigie du souverain, comme le poinçon de cette effigie est fourni par le graveur-général des monnaies, il appartient à l'hôtel du quai Conti. Les planches en cuivre, portant chacune 150 empreintes, sont obtenues à l'aide des procédés de la galvanoplastie. Elles sortent du laboratoire du directeur de la fabrication des timbres-poste, qui sous tous les rapports jouit des mêmes droits et est soumis aux mêmes obligations que le directeur des monnaies. Il opère à ses risques et périls, il est tenu de mettre à la disposition de l'administration des postes le nombre des timbres dont on a besoin, et qui ne sont acceptés qu'après contrôle ; il est payé en raison des quantités qu'il livre, et garde à sa charge les machines et les ouvriers.

En somme, ces ateliers spéciaux ressemblent à ceux d'une imprimerie très propre et même un peu coquettes ; les machines, entretenues avec soin, reluisent comme des pièces d'orfèvrerie ; elles jouent sans tapage inutile ; les rouages polis, graissés, ont des mouvements d'une douceur qui ne laisse pas soupçonner la force mise en œuvre. Là tout se fait rapidement et en silence. Les feuilles d'un papier particulier, fourni par la maison Lacroix d'Angoulême, sont comptées et soumises avant nulle autre opération à un vernissage qui se fait à la presse mécanique. Un enduit incolore, dont la composition doit rester secrète, est étendu sur une des faces de la feuille. Ce vernis, qui ne modifie en rien d'aspect du papier, rend toute contrefaçon à peu près impossible. Non-seulement il permet de donner une finesse presque inimitable à l'empreinte, mais encore c'est lui qui reçoit directement cette dernière, et si, malgré l'extrême ténuité de ce vernis on pouvait l'enlever, on enlèverait du même coup l'effigie, et on n'aurait plus entre les mains qu'un carré de papier bleuâtre portant une tache au lieu du profil dont il offrait l'image. Lorsque le papier est ainsi préparé, les feuilles sont comptées de nouveau et enfermées, pour être distribuées selon les besoins du service. Deux planches sont réunies côte à côte dans un châssis après qu'on les a nettoyées à la benzine pour enlever toute trace de corps gras qui pourrait les maculer. A l'aide d'un rouleau, on les imprègne régulièrement d'une couche de couleur qui varie selon la catégorie de timbres qu'on veut obtenir, puis on tire à la presse à bras ou à la presse à vapeur. Dans ce dernier cas, l'encre est mécaniquement appliquée sur les planches, comme sur une presse d'imprimerie ordinaire. Chacune des feuilles complètes, imprimées, contient 300 timbres, divisés par une marge blanche en cadres de 150 chacune. Lorsqu'elles sont sèches, on les coupe en deux à l'aide d'un coupoir qui peut, en trancher environ 500 d'un seul coup. Les feuilles sont alors portées à l'atelier où se fait le gommage, opération délicate qui exige une grande adresse de main. Chaque feuille, ayant été gommée au pinceau, est mise isolément à sécher sur de larges claires-voies où l'air, pouvant circuler de tous côtés, active la dessiccation. Cette opération est la plus lente de toutes, car un bon ouvrier dans sa journée ne peut guère gommer plus de 900 feuilles. Comme ces ateliers ont été aménagés en 1848 dans de vieux locaux, ils sont peu en rapport avec le travail qu'on y accomplit, souvent étroits, coupés par des cloisons maladroites et réunis à l'aide d'escaliers biscornus qui sont de véritables casse-cou.

Lorsque les feuilles gommées sont parfaitement sèches, elles sont envoyées dans une salle où se fait le pointillage à l'aide d'une très ingénieuse machine que dirigent des enfants. Le pointillage a pour but d'entourer chaque timbre d'un perlé de petits trous qui permet de le détacher de la feuille sans le déchirer ; c'est depuis le mois d'août 1862 seulement qu'on a introduit en France cette excellente amélioration, venue d'Angleterre. Les feuilles sont fixées cinq par cinq sur un cadre de fer ; ainsi immobilisées, elles passent sous un large peigne composé d'une série de carrés garnis de poinçons sur chacun des côtés qui correspondent exactement aux côtés du timbre-poste. Le peigne s'élève et s'abaisse automatiquement pendant que le cadre est entraîné par un mouvement mécanique, et en moins d'une minute les cinq feuilles superposées, représentant 750 timbres, sont pointillées avec une régularité irréprochable. Cette opération est la dernière que les timbres-poste aient à subir ; ils sont soumis au contrôleur, qui rebute ceux qu'il trouve défectueux. Ceux-là sont toujours en petit nombre, deux ou trois mille par an tout au plus. Ils sont brûlés, et l'on dresse un procès-verbal de l'incinération. Les timbres droits sont enfermés dans une armoire à triple clef d'où ils ne sortent qu'en présence d'un agent de l'administration des postes, qui signe un récépissé extrait d'un registre à souche. En somme, la fabrication et la comptabilité des timbres-poste offrent autant de garanties que celles des monnaies. La consommation en augmente tous les jours, et si la progression continue dans les mêmes proportions, les ateliers vont bientôt devenir insuffisants. On peut voir le progrès accompli en dix ans. L'atelier de fabrication en a fourni 196,943,700 en 1858 ; en 1867, il en a livré aux postes 489,347,400 qui ont été payés 451,477 francs 92 centimes. Cela est bon signe, et prouve que la population française se décide enfin à apprendre à lire et à écrire.

Quoique le bureau de la garantie appartienne aux constructions mêmes de l'hôtel des monnaies et fasse corps avec elles, l'entrée en est située rue Guénégaud ; un long couloir, beaucoup trop bas de plafond, et dans lequel un homme portant un crochet chargé de grandes pièces d'orfèvrerie ne doit passer qu'avec peine, conduit jusqu'au bureau même, qui s'ouvre par une caisse où l'on enregistre toutes les matières précieuses apportées et destinées à recevoir le poinçon du contrôle. Les pièces reçues le matin sont vérifiées et rendues le jour même. C'est là, dans une sorte d'antichambre, que les apprentis, les garçons de magasin, attendent les bijoux qu'ils doivent enfermer dans la boîte de fer rattachée à leur cou par une chaîne solide. Lorsque les matières ont été inscrites, elles sont envoyées, ayant chacune un bulletin indicatif, à la salle des essais, où devant des établis des hommes propres, silencieux, sont assis ayant près d'eux les instruments spéciaux qui leur sont nécessaires. Sur toute pièce assez considérable pour qu'on puisse en la grattant enlever un gramme de métal, on recueille la prise d'essai, c'est-à-dire la petite quantité de métal qui sera soumise aux expériences docimastiques, et on la transmet immédiatement au laboratoire, laboratoire glorieux, car Gay-Lussac y découvrit en 1829 le procédé d'essai de l'argent par la voie humide. Là, grâce aux manipulations de deux chimistes éminents, assistés d'aides rompus à toutes les difficultés pratiques du métier, on détermine d'une façon précise à l'aide de la prise d'essai le titre de chacun des objets apportés au bureau de la garantie. Le laboratoire est petit, étroit, insuffisant, parfaitement éclairé par une large fenêtre, mais tellement chauffé par les fourneaux que parfois le séjour en devient intolérable. Un mobilier neuf ne le déparerait pas ; il y a là un certain canapé jaune en velours d'Utrecht qui date sans doute du temps où M. de Laverdy était contrôleur des finances. Dans cet espace resserré, où sept et huit personnes doivent toujours être en mouvement et ne se heurter jamais dans la crainte de compromettre leurs opérations délicates, le travail est incessant de neuf heures du matin à trois heures de l'après-midi. Les prises d'essai apportées sur de minces coupelles en cuivre, numérotées et munies d'un signalement particulier inscrit sur une fiche de papier, se succèdent sans interruption, et passent, selon qu'elles sont d'or ou d'argent, par toutes les phases curieuses de la coupellation ou de la voie humide. Une cuillère d'argent, une tabatière, une cuvette de montre en or, sont expérimentées avec autant de soin qu'une brève de plusieurs millions.

Maxime Du Camp

Lorsqu'une pièce échappe par la ténuité ou la finesse du travail à la prise d'essai destinée au laboratoire, elle est appréciée au *touchau*, qui, sans pouvoir fixer rigoureusement le titre, peut du moins permettre de constater qu'il ne s'éloigne pas des tolérances acceptées. Le touchau se compose d'une pierre de touche, d'un flacon d'acide nitrique et d'un trousseau de barrettes de cuivre dont chacune porte soudé à l'extrémité un échantillon d'or de titre déterminé. Tous les ors de couleur qui sont le résultat d'alliages avec du fer, du cuivre ou de l'argent ont là un spécimen. Le bijou frotté sur la pierre produit un trait métallique qu'on mouille avec de l'eau-forte ; celle-ci, enlevant le cuivre, respecte plus ou moins la trace selon la quantité d'alliage ; pour avoir un point de comparaison certain, on fait la même opération avec l'aiguille correspondante du touchau, et l'on peut dès lors juger de la pureté du métal qu'on vérifie. Lorsqu'après plusieurs essais renouvelés et opposés les uns aux autres on reconnaît que la pièce contient trop de cuivre, elle est déformée, brisée à coups de marteau et rendue en cet état au fabricant, qui ne réclame que bien rarement, car le commerce de Paris sait avec quels soins, avec quelle science, avec quelle expérience acquise par l'habitude, on procède au bureau de la garantie. Le laboratoire et la salle des essais ont, en 1867, expérimenté 3,724,619 objets d'or et 6,190,116 objets d'argent, sur lesquels 23,279 pièces d'or et 30,693 pièces d'argent ont été cassées parce qu'elles étaient d'un titre trop faible.

A mesure que les pièces essayées sont reconnues droites, elles sont transportées dans la salle du poinçonnage, où elles doivent recevoir une double empreinte qui en constate la sincérité et en détermine le titre. Là, une difficulté se présentait ; pour déjouer les tentatives des contrefacteurs, il fallait n'opérer qu'à l'aide de poinçons si parfaits qu'ils fussent inimitables. C'est à quoi l'on est parvenu. Les poinçons gravés par M. Barre père, qui avant son fils était graveur-général des monnaies, sont des chefs-d'œuvre de finesse et de précision. Selon qu'ils doivent être employés au contrôle de l'or ou de l'argent, selon qu'ils constatent des titres variés, ils diffèrent l'un de l'autre, et représentent la tête d'un médecin grec, de Minerve, d'un aigle, d'un cheval, d'un sanglier, d'un rhinocéros, de Mercure, d'un dogue, d'une girafe, un grand, un petit charançon, un crabe, une chimère ; un chiffre disposé de telle ou telle manière indique

que le métal est plus ou moins pur. Cela ne suffisait pas encore ; un poinçon, si habilement gravé qu'il soit, peut, étant toujours le même, être reproduit. Il fallait donc trouver pour la garantie une marque qui, se modifiant pour ainsi dire elle-même, donnât une empreinte toujours diverse et qui cependant fît partie d'un tout invariable. Ce résultat est obtenu par la *bigorne*, petite enclume qui a deux pointes, deux cornes, ainsi que le nom l'indique. La corne la plus grande est plate et offre un développement de 22 millimètres de longueur, de 11 dans la plus grande largeur et de 4 à l'extrémité ; la plus petite corne, qui est ronde, a 14 millimètres de long, le talon est de 7 et la pointe de 3. Eh bien ! sur cette surface étroite, on peut faire un cours d'entomologie, car la première porte 21 rangées d'insectes, la seconde 17, et chacune de ces catégories différentes est isolée par une bande en zigzag où se déroule une inscription [12]. Il est superflu de dire que ce travail, qui a duré trois ans, a été fait au microscope, et que l'artiste qui a produit un tel chef-d'œuvre de patience a failli y perdre la vue. Lorsque, armé d'une forte loupe, on regarde attentivement ces sauterelles, ces cicindelles, ces frelons, ces fourmis, ces libellules, dont les ailes, les pattes, les antennes, les articulations du corsage, sont d'une exactitude frappante, on éprouve une sorte d'éblouissement involontaire.

La façon de procéder s'explique maintenant d'elle-même. La pièce à contrôler est posée au hasard sur la bigorne ; au-dessus du point exact par lequel le métal est en contact avec l'enclume, on applique le poinçon, qui est enfoncé d'un coup sec. La pièce reçoit donc une double empreinte : celle de l'image gravée sur le poinçon, celle d'une partie des mille traits qui sillonnent la bigorne ; mais cette dernière image change à chaque opération, tantôt elle représente une tête de fourmi et une patte de sauterelle, tantôt la partie inférieure d'un staphylin et les antennes d'un fulgore. C'est là le vrai, l'inimitable contrôle, qui, malgré la multiplicité des variantes, appartient à un texte unique qu'on peut toujours consulter au besoin. Il n'est personne qui, ne serait-ce que machinalement, n'ait examiné la marque d'une cuillère ou d'une fourchette. On voit alors à la face externe une marque qui a huit pans irréguliers. Au milieu se dessine une tête de Minerve ayant le chiffre I placé en vedette devant le front : c'est là le poinçon- du premier titre d'argent ; maïs sur la face interne, précisément de l'autre côté de cette marque, on aperçoit des traces qui paraissent indécises, irrégulières, et ressemblent à une écorchure du métal : c'est la trace de la bigorne. Qu'on examine attentivement, et l'on reconnaîtra des portions d'insectes et peut-être une lettre ou deux de la légende inscrite entre eux. Les poinçons de la bigorne de la garantie, gravés en 1838, n'ont point été modifiés, car nul instrument de précision n'offrirait une plus sérieuse sécurité.

De même que les monnaies ne peuvent circuler qu'après avoir reçu la triple consécration de l'effigie, de la tranche et du revers, de même les objets d'or et d'argent ne doivent être livrés par le commerce qu'après avoir subi les essais et le poinçonnage de la garantie ; mais comme le contrôle se paie, et que bien des marchands ne se gênent guère pour se soustraire aux mesures fiscales, une brigade volante de douze contrôleurs est chargée de visiter toutes les boutiques, tous les magasiné où sous une forme quelconque on vend de l'or et de l'argent mis en œuvre. Ces agents ne procèdent jamais qu'accompagnés d'un commissaire de police, car parfois, trop souvent même, il faut dresser un procès-verbal et opérer une saisie, la garantie assiste aussi par un de ses représentants toute vente publique, car les bijoux, les armes riches, les orfèvreries, doivent, lorsque le poinçon qui les marque est périmé, être frappés d'un contrôle de recense (tête de girafe, tête de dogue). Il arrive fréquemment que ces sortes d'objets ne sont point au titre légal ; mais dès qu'ils offrent un intérêt quelconque de curiosité ou de sentiment, on les respecte et on les rend à leurs propriétaires. Après le décès de Mlle Rachel, on trouva chez elle une assez grande quantité de parures de théâtre en or bas mis en couleur, que l'artiste avait fait spécialement exécuter pour donner à ses différents costumes un plus grand caractère de réalité. Tous ces bijoux, considérés comme souvenirs, évitèrent le coup de cisailles ou de marteau réservé aux métaux que trop d'alliage rend inférieurs. Le bureau de garantie, en tant qu'administration, ne relève pas de la commission des monnaies ; il appartient aux contributions indirectes et dépend du ministère des finances, auquel il a rapporté en 1867 la somme de 2,348,000 francs. Pour un impôt somptuaire, c'est un maigre produit qui rémunère à peine l'état des soins qu'il prend afin d'assurer à tous nos ouvrages d'or et d'argent le titre qui seul leur donne une valeur commerciale.

Section IV

Les diverses opérations dont l'hôtel des monnaies est le théâtre offrent des garanties telles qu'il est bien difficile de les trouver en défaut. Pour assurer à nos monnaies la sincérité qui doit en être le principal caractère, on ne recule devant aucune considération, et bien souvent on a fait rejeter à la fonte des brèves entières. Sur 50,266,212 pièces d'or et d'argent frappées à la Monnaie pendant le cours de l'année 1867, on en a rebuté 2,575,109, qui ont dû subir de nouveau toute la série de manipulations prescrites avant de pouvoir obtenir le bon de délivrance et entrer en circulation. Sous ce rapport, tout est parfait, et nulle critique n'est possible ; mais, si l'état ne participe en rien à la fabrication des monnaies, il y intervient avec omnipotence pour les contrôler, et par conséquent il assume une part de responsabilité qu'on peut invoquer, lorsqu'il s'agit de certaines améliorations à introduire, Toutes les fois que le gouvernement participe à une administration quelconque, sous quelque forme que ce soit, son action doit se faire sentir immédiatement d'une façon bienfaisante et élevée. Les ouvriers employés dans l'hôtel du quai Conti relèvent uniquement du directeur de la fabrication ; mais l'état, comme tuteur des monnaies, a un peu charge d'âmes envers eux, et devrait les faire jouir des avantages qu'on trouve aujourd'hui dans presque tous les grands établissements. Rien ne serait plus convenable que d'assurer des retraites à ces humbles travailleurs qui manient avec probité et en détail la richesse monétaire du pays, de leur procurer, en cas de maladie ou de blessures, les soins gratuits d'un médecin payé par l'administration, de leur faire distribuer à prix coûtant des médicaments par la pharmacie des hôpitaux, en un mot de les attacher à leur dur métier, de récompenser leur labeur par une sorte de bénéfice moral plus envié et plus recherché parfois que le bénéfice matériel. L'état est père de famille ; il exige beaucoup, sous bien des rapports il exige trop, et jamais cependant on ne marchande les sacrifices qu'il réclame ; ne doit-il pas, partout où il apparaît, amener avec lui le bien-être et la moralisation ?

Il est une amélioration d'un autre ordre qui intéresse l'humanité tout entière, à laquelle on travaille depuis bien des années déjà, et qui, l'on peut en être certain, rencontrerait l'unanime assentiment de la commission. Il faut doter le monde d'une monnaie internationale, uniforme, acceptée par tous, garantie chez tous les peuples par une loi semblable et consentie. Cette idée, si simple qu'on s'étonne de ne pas la voir appliquée, a souvent été mise en avant par la France. Dès le 8 mai 1790, M. de Bomay proposait un décret par lequel Louis XVI serait supplié d'engager le parlement anglais, à établir l'égalité des poids, mesures et monnaies avec la France. Quelques nations, nous les avons nommées, ont adopté le système décimal ; mais combien sont réfractaires encore, et comment se fait-il que dans les traités de paix on n'ait jamais songé à introduire une clause relative à l'unité des monnaies ? N'est-il pas puéril qu'à notre époque, par un temps de chemins de fer et de télégraphie électrique, quand on dépense avec raison des millions pour obtenir un peu plus de rapidité dans les communications, les différents états, par suite d'un orgueil mal compris, d'habitudes surannées qu'on n'ose détruire, de paresse et d'insouciance, gardent une diversité de systèmes monétaires qui est préjudiciable à toutes les transactions et semble inventée tout exprès pour enrichir des banquiers habiles ? Qui pourrait croire qu'aujourd'hui l'Europe emploie plus de 200 variétés de poids et de mesures, qu'elle compte le temps à l'aide de trois calendriers qui n'ont aucun rapport entre eux, et que son commerce use de 93 monnaies d'or et de 135 monnaies d'argent qui n'ont de commun ni le titre ni le poids ? Cinq types de pièces d'or, cinq d'argent, quatre de bronze, peuvent facilement suffire à tous les besoins. Arrivera-t-on à s'entendre sur ce sujet, qui tient aux intérêts les plus précieux des nations ? Il faut le croire ; mais on peut reconnaître que, si le progrès ne s'arrête jamais, sa marche est parfois d'une lenteur désespérante.

Notes

1. Strasbourg marque BB, Bordeaux K. — Rouen marquait B, Lyon D, Marseille M.

2. Différent ou défèrent, les deux termes ont toujours été usités indistinctement ; je pencherais pour le second, du latin deferre, mettre défaut en bas.

3. Ou mieux réinventa, car la virole brisée exista autrefois, ainsi qu'on peut le constater sur les pieds-forts du XVIe et du XVIIe siècle. Le pied-fort était une pièce pesant quatre fois plus que le

poids normal, et qu'on frappait à toute émission nouvelle pour le roi et les officiers de la monnaie.

4. Cette disposition est absolue ; il est même dit dans l'instruction générale de la commission des monnaies pour l'exécution de l'ordonnance royale du 26 décembre 1827. « Le directeur de la fabrication ne peut, sous aucun prétexte, employer dans les travaux, si ce n'est pour alliage, d'autres matières que celles enregistrées au bureau du change, lesquelles doivent toujours être converties en espèces. »

5. Représentant une valeur brute de 7,046,775 fr. 40 cent., et le quadruple au moins, si l'on considère le prix d'achat.

6. Pour éviter toute chance d'alliage étranger, on brasse l'or avec des morceaux de terre réfractaire ayant à peu près la forme d'une douve de tonneau. On ne saurait prendre trop de précaution avec l'or, qui est le métal délicat par excellence ; ainsi le plomb rend cassant dix mille fois son poids d'or, et il suffit de mettre du plomb au creuset dans la salle de la fonderie de l'or pour que ce dernier soit « empoisonné, » devienne « aigre, » et soit mis hors d'usage.

7. L'action des laminoirs et du dragon est considérable : une lame sortant de la lingoterie, ayant 8 millimètres d'épaisseur et 45 centimètres de long, a, lorsqu'elle est parvenue à l'état de bande, une épaisseur de 1 millimètre 3 et une longueur de 1 mètre 30 centimètres.

8. Or, poids, 24,505 kilogrammes 175 gr. 60 ; valeur, 75,969,795. fr. ; nombre : pièces de 100 francs 4,309, de 20 francs 2,923,024, de 10 francs 1,204,755, de 5 fr. 1,006,173 : total, 5,138,261 pièces. — Argent, poids. 304,183 kilogr. 548 gr. ; valeur, 60,840,439 fr. 20 centimes ; nombre : pièces de 5 fr. à 900 millièmes, 6,586,442, monnaies divisionnaires à 835 millièmes ; 2 francs, 3,695 ; 153 ; 1 franc, 12,131,428 ; 50 centimes, 114,528,438 ; 20 centimes, 5,611,381 : total, 42,552,842 pièces.

9. Chaque soir, tous les ateliers, dont le plancher est couvert d'une claire-voie, sont balayés avec soin ; on recueille la poussière à laquelle se trouvent forcément mêlés des scories, des rognures, des éclats, de la poudre de métal. Ces précieux détritus, mis dans des auges où une meule horizontale passe et repasse incessamment, sont réduits à l'état de boue liquide, et, traités chimiquement,

rendent l'or et l'argent qu'ils contiennent.

10.   A ces sommes, il faut ajouter 59,300,000 francs de monnaies de bronze, qui toutes ont été frappées depuis l'établissement du second empire. (Loi du 6 mai 1852.) Voyez sur ce sujet une très curieuse brochure de M. Ernest Dumas : Note sur l'émission en France des monnaies décimales de bronze. Imprimerie impériale, 1868.

11.   Le lecteur pourrait être surpris qu'à propos dos monnaies nous ne disions pas un mot des assignats et des billets de banque. Tout ce qui concerne les différents emblèmes de monnaie fiduciaire dont le pays s'est servi jusqu'à présent rentre dans une étude que nous nous proposons de faire sur la Banque de France et les divers services qui en dépendent.

12.   Une de ces bigornes ayant été volée en 1846 par un employé du bureau, M. Barre père dut modifier le type primitif en ajoutant des ornements aux bandes de séparation, qui antérieurement étaient lisses.

ISBN : 978-1545434260

www.ingramcontent.com/pod-product-compliance
Lightning Source LLC
Chambersburg PA
CBHW061449180526
45170CB00004B/1632